Werner Ehlen

Geschichten vom Leben

Impulse, Erlebnisse, Überlegungen

eines Krankenhausseelsorgers

Impressum

Copyright © 2020 Werner Ehlen
Titelbild © Werner Ehlen
Herstellung und Verlag:
BoD – Books on Demand, Norderstedt
ISBN 978-3-75262-666-7

Bibliografische Information der Deutschen Nationalbibliothek: Die Deutsche Nationalbibliothek verzeichnet diese Publikation in der Deutschen Nationalbibliografie; detaillierte bibliografische Daten sind im Internet über dnb.dnb.de abrufbar.

Inhalt

Aaronitischer Segen	1
Adam und Eva	3
Ärztlicher Irrtum	6
Annahme	7
Christbaum	8
Christ-sein	9
Das größte Problem	11
Das Notwendige	13
Der Prophet gilt nichts im eigenen Land	16
Der Reichtum der Bibel	18
Der Segen Gottes	20
Ein Leben voller Brüche	23
Engagement	24
Erinnerungen	26
Gedenken	28
Geglücktes Leben	30
Geteiltes Leid ist halbes Leid	31
Glaube und Wissen	32
Glaubenserwartung	35
Glück	36

Gott liebt dich 38

Gott verherrlichen 40

Gottes Ruf an uns 42

Herr ich bin nicht würdig 44

Hoffnung 46

Hoffnungsbilder 48

Hoffnungsvision 49

Irrtum 51

Kirche 52

Leid und Sinn 53

Letzter Wunsch 55

Liebe mich 56

Notration 58

Oft ist es zu spät 60

Seelsorge in Notsituationen 62

Segen 64

Sorgen-Fasten 66

Sterben im Kreis der Familie 68

Sterben in Frieden 69

Story, not History 71

Theologie einfach 73

Todesahnung 74

Unfrieden 75

Verletzungen 76

Versöhnung 77

Verzweiflung und gutes Ende 79

Warum ich? 80

Weltgericht 82

Wunder 83

Zeitgeist 85

Zu guter Letzt 86

Dank 87

Verzeichnis der Bibelstellen 88

Aaronitischer Segen

„Der Herr segne dich und behüte dich. Der Herr lasse sein Angesicht über dich leuchten und sei dir gnädig. Der Herr wende sein Angesicht dir zu und schenke dir Frieden."[1]

Dies ist der sogenannte Aaronitische Segen. Er heißt so, weil Moses im Namen Gottes den Aaron damit beauftragt, die Israeliten mit diesen Worten zu segnen. Sie ist wohl eine der bekanntesten Segensformeln – sicher nicht zuletzt, weil sie die Zuwendung Gottes im Segen so gut beschreibt.

In der Bibel finden wir ihn im Zusammenhang des Auszugs aus Ägypten, bzw. des Einzugs ins gelobte Land. An dieser zentralen Stelle der Alten Testaments, in der es sozusagen drunter und drüber geht – die Israeliten werden hin und her geworfen zwischen dem Vertrauen auf Jahwe und der Verzweiflung in der Wüste – sagt Gott den Priestern, wie sie seinen „Namen auf das Volk legen sollen". Der Name Gottes, das war in der Vorstellung der Völker zur Zeit des Alten Testaments nicht einfach eine Bezeichnung – der Name Gottes war wirkmächtig, mit ihm konnte man zaubern, Gutes wie Schlechtes bewirken. Deshalb weigert sich Gott auch, seinen Namen am brennenden Dornbusch zu nennen – die Bezeichnung Jahwe ist ja kein Name, sondern eine

Umschreibung, „nur" die Zusage „Ich bin da". Und nichts anderes sagt auch dieser Segen aus: Gott ist mit seinem Segen bei uns, was nicht im Sinne von Zauberei bedeuten kann, dass wir mit seinem Segen im Lotto gewinnen, nie krank werden oder gar nicht sterben werden müssen. Aber in dem Pech, schon wieder nichts gewonnen zu haben, in Krankheit, sogar im Tod wird sich Gott als der Begleitende, der da-Seiende erfahren lassen. Sehr schön ausgedrückt ist dies für mich in der nachfolgenden Ausformulierung des Aaronitischen Segens:

Der Herr segne dich und behüte dich.

Er wird dich nicht vor Leid und Schmerz bewahren, aber in Leid und Schmerz wird er dich bewahren, dass dein Leben Bestand hat.

Der Herr lasse sein Angesicht über dich leuchten und sei dir gnädig.

Hell vor Freude ist sein Gesicht, wenn er dich ansieht. Voller Liebe sieht er auf die hellen und auch die dunklen Seiten deines Lebens.

Der Herr wende dir sein Antlitz zu und schenke dir Frieden.

Er wendet sich nicht ab von dir, was immer auch geschieht. Er garantiert dir nicht dauerndes Glücklich-sein, aber in aller Zerrissenheit ist er bei dir.

Adam und Eva

Wohl jede und jeder kennt die Paradieserzählung aus dem Alten Testament, die Geschichte des Sündenfalls, in der Eva den Adam verführt. Ich halte diese Geschichte für eine der spannendsten, faszinierendsten Geschichten der Bibel.

Spannend, weil sie uns Wichtiges über die Bibel sagt, spannend, weil sie uns einiges über uns Menschen und wie wir mit Schuld umgehen, vor Augen führt und faszinierend, weil wir selbst etwas so Brandaktuelles wie fake news schon in unserem scheinbaren Bibelwissen finden können.

Fangen wir mit dem letzten an: Ich glaube, jeder von ihnen „weiß", dass Eva den Adam dazu verführt hat, einen Apfel zu essen; und das, obwohl im ganzen Buch Genesis das Wort Apfel nicht einmal vorkommt. Schuld an dieser fake-news-Geschichte, die das, was in der Bibel steht, dadurch extrem verharmlost, sind die mittelalterlichen Maler, die diese Szene gerne dargestellt haben – und was gäbe es Schöneres und zugleich Bekannteres in der damaligen Zeit als einen rot leuchtenden Apfel? In der Bibel lesen wir nur von der Frucht des Baumes, und im Kapitel vorher erfahren wir auch, um welchen Baum – besser Bäume, von denen Adam und Eva nicht essen durften – es sich handelt. Es sind der

Baum der Erkenntnis von Gut und Böse, und der Baum des Lebens. So wird auch die ansonsten etwas dümmliche Frage Gottes „Wer hat dir gesagt, dass du nackt bist" [2] verständlich: Bevor Adam und Eva vom Baum der Erkenntnis von Gut und Böse essen, ist es für sie ganz natürlich, nackt herumzulaufen, so etwas wie Scham gibt es noch nicht.

Die Vertreibung aus dem Paradies ist so auch keine Strafe Gottes für das Essen eines Apfels – noch lächerlicher könnte man sich Gott ja fast nicht vorstellen – sondern eine logische Konsequenz: Indem der Mensch in seiner Menschwerdung ein Empfinden für richtig und falsch, Gut und Böse entwickelt, vertreibt er sich sozusagen selbst aus dem Paradies des Nicht-wissens.

Damit taucht aber automatisch auch die Schuldfrage auf, und auch hier zeigt uns der Text der Lesung exemplarisch auf, wie Menschen damit umgehen: Sie suchen die Schuld meistens nicht bei sich selber, sondern schieben sie anderen zu:

Adam gibt Eva, bzw. eigentlich Gott selbst die Schuld an seinem Versagen, indem er sagt, „Die Frau, die du mir beigesellt hast, sie hat mir von dem Baum gegeben. So habe ich gegessen" [3], und auch Eva schiebt die Schuld wieder weiter:

„Die Schlange hat mich verführt. So habe ich gegessen." [4]

Dass sich daran bis heute nichts geändert hat, erleben wir tagtäglich: Schuld wird wie in der Bibel weitergeschoben, verharmlost, nicht eingestanden. Dass es auch anders geht, hat die Bischöfin Margot Käßmann gezeigt, als sie nach ihrer Autofahrt unter Alkoholeinfluss praktisch sofort ihre Schuld öffentlich eingestand und von allen Ämtern zurücktrat. **Eine** rühmliche Ausnahme, für die ich aber bis ins Jahr 2010 zurück suchen musste – schlimm genug.

Wie immer erzählt uns die Bibel in der Sündenfallgeschichte nichts, was in grauer Vorzeit geschehen wäre, sondern eine Weisheitsgeschichte für unser heutiges Leben.

Ärztlicher Irrtum

Ich werde zu einem 80jährigen Mann gerufen, bei dem die Ärzte die Angehörige haben holen lassen, weil er in der nächsten Stunde sterben wird. Wir haben im Kreis der Familie Abschied genommen, gebetet – es war alles sehr stimmig, gut so. Nach fast drei Stunden musste ich mich verabschieden, hörte in den nächsten Tagen, dass er noch immer lebt. Viele Erklärungsversuche gab es dafür, dass er nicht sterben konnte. Sein Sohn hatte einen Unfall gehabt, schwebte zwischen Leben und Tod. Wollte er – unbewusst und ohne Bewusstsein - noch abwarten, wie es mit seinem Sohn weiterging? Jedenfalls wurde er eine Woche später bei vollem Bewusstsein entlassen, lebte zumindest ein halbes Jahr später noch immer. Sicher ein Einzelfall, aber schön, dass auch Ärzte sich manchmal irren!

Annahme

Mit bewundernswerter Klarheit ging eine Bekannte von mir mit nur 50 Jahren auf ihren Tod zu. Einer Klarheit und Offenheit, die es mir möglich machte, ihr anzubieten, dass ich ihre Grabrede halten könnte, was sie auch annahm und was mir eine große Ehre war und ist. Natürlich gab es auch auf ihrem Weg dunkle Stunden, Verzweiflung und Trauer. Aber eben auch eine beeindruckende Annahme Ihres Schicksals: So hat sie mit ihrem 9jährigen Sohn Friedhöfe angeschaut, „weil er muss sich ja dort wohlfühlen, damit er mich gern besuchen kommt", hat sie mir erzählt.

Christbaum

Mein Schwiegervater hat jedes Jahr einen kleinen Tannenbaum in seinem Garten gepflanzt, den wir dann, als er die für uns richtige Größe hatte, als Weihnachtsbaum verwendet und danach auch wieder eingepflanzt haben – was natürlich dazu führte, dass sein Garten bei seinem Tod mehr einem Wald als einem Garten glich. Auch als alle seine Bäume schon lange zu groß waren, um als Christbaum Verwendung zu finden, haben wir noch daran festgehalten, einen Baum zum Einpflanzen zu kaufen.

Inzwischen sind auch wir seit vielen Jahren auf die zu Tausenden angebotenen abgeholzten Weihnachtsbäume umgestiegen.

Grundsätzlich finde ich es makaber, zum Fest des neuen Lebens, der Geburt Jesu, vielen Millionen Bäumen den Tod zu bringen – selbst wenn sie eigens zu diesem Zweck gepflanzt wurden. Und noch makaberer finde ich es, wenn immer mehr Plastik-Christbäume Einzug halten in unsere Wohnzimmer oder öffentliche Gebäude.

Werden und Vergehen dargestellt mit einem immergrünen Plastikbaum? Für mich ein weiteres Indiz, wie wir (religiöse) Inhalte ihren Sinn nehmen.

Christ-sein

Was wäre anders, wenn ich kein Christ wäre? Diese Frage ist mir vor einiger Zeit durch den Kopf geschossen.

Wäre ich deswegen ein schlechterer Mensch? Vielleicht sogar ein Dieb, Verbrecher, Mörder?

Ich glaube nicht. Ich glaube, dass mir dieselben Dinge, Werte wichtig wären wie so auch – Ehrlichkeit, Verlässlichkeit, ein gewisses Verantwortungsgefühl und damit Engagement für die Umwelt, für andere Menschen und vieles andere mehr.

Was wäre also anders? Ich würde natürlich nicht jede Woche in die Kirche, den Gottesdienst gehen – aber ist es das, was mein Christ-sein ausmacht?

Ich glaube, einer der wesentlichen Unterschiede für mich ist, dass ich auf Grund meines Glaubens fest davon überzeugt bin, dass mein Leben mit dem Tod nicht aus ist, sondern dass es in unüberbietbar schöner Weise weitergeht. Diese meine Überzeugung, die aus meinem christlichen Glauben resultiert, gibt mir hier auf Erden Kraft, macht mich hoffnungsvoll auch im Leid. Sie ist für mich keine Vertröstung auf ein Jenseits, sondern hilft mir hier und heute leben. Genau das feiern wir an Ostern und in jedem Gottesdienst. Nicht nur, dass Jesus vor 2000 Jahren den Tod bezwungen hat, sondern vor allem, dass es für mein Leben keinen Tod mehr gibt.

Und das ist für mich der große Gewinn, das Befreiende und Frohmachende, das ich aus meinem Christ-sein ziehe, das, was für mich anders ist als Christ.

Die Freude darüber bestimmt für uns Christen nicht nur an Ostern und in den großen Momenten unser Leben, sondern ist gerade auch im Kleinen, im Alltag spürbar.

Das größte Problem

Das größte Problem im Zusammenleben der Menschen ist ihre Verschiedenartigkeit, finde ich. Und damit meine ich jetzt nicht die großen Unterschiede von Rasse, Hautfarbe, Sprache, Religion und ähnlichem. Sondern die kleinen Alltäglichkeiten, die das Zusammenleben gerade im Nahbereich, in der Familie oft so schwer machen. Ob Zimmer- und Schranktüren geschlossen sein müssen oder nicht, ob Dinge, die man – schon lange – nicht mehr braucht, weggeworfen werden sollten oder nicht, was man wie schnell wegräumt oder auch liegen lässt, wie der Geschirrspüler „richtig" eingeräumt werden muss, wie lange man das Licht eingeschaltet lässt, wenn man einen Raum für einige Zeit verlässt, die berühmte unverschlossene Zahnpastatube – all das sind Kleinigkeiten, die das alltägliche Zusammenleben belasten, oft die Nerven bis zum Zerreißen strapazieren können. Und diese Liste kann wohl jede und jeder von Ihnen problemlos noch unendlich erweitern.

So ist es zum Beispiel auch nicht verwunderlich, dass momentan als größte Schwierigkeit einer Mars-Mission weniger die technischen Probleme gelten, sondern das Zusammenleben mehrerer Menschen auf engstem Raum über einen längeren Zeitraum.

Zahlreiche Feldexperimente fanden dazu schon statt, und mussten teilweise sogar abgebrochen werden, weil – trotz sorgfältiger Auswahl der Kandidaten – ein Zusammenleben nicht weiter möglich war.

Wie schaffen wir es also, in Gemeinschaft zusammenzuleben? Ein erster Schritt scheint mir zu sein, diese Verschiedenheit wertfrei anzuerkennen, sich immer wieder bewusst zu machen, dass der andere nicht aus Bosheit so oder so handelt, sondern weil „er (oder sie) eben so ist".

Ein weiterer Schritt könnte die Einsicht sein, dass es bei den meisten Angelegenheiten gar kein Richtig oder Falsch gibt – **verbunden** mit der oft schmerzlichen Einsicht, dass mein Weg, Dinge anzugehen, eben nicht der einzig richtige oder auch nur der bessere ist.

Damit wäre sicher schon viel gewonnen; auch wenn der Ärger, dass der andere sich nicht an meine Spielregeln hält, natürlich trotzdem an einem nagen kann.

Das Notwendige

Was hilft in der Not? Dann, wenn durch einen Schicksalsschlag urplötzlich alles anders ist? Wenn man nicht mehr ein noch aus weiß?

Von meiner Erfahrung in der Notfallseelsorge her hilft vor allem, dass da jemand da ist, der – oft schweigend – diese Not mit aushält.

Tröstende Worte sind oft schon zu viel – zum einen gibt es in solchen Situationen ehrlich betrachtet ja keinen Trost, zum anderen sind sie meist allzu banal und dadurch eher verletzend als helfend.

Dieses stille Da-sein ist oft schwer auszuhalten – und doch vielleicht das einzig Richtige, wie ich an zwei kleinen Beispielen aufzeigen darf.

Da ist der häusliche Todesfall, zu dem ich gerufen wurde. Der knapp 80jährige Mann war nach dem Mittagsschlaf einfach nicht mehr aufgewacht, „einfach hinübergeschlafen". Die Ehefrau war verständlicherweise durch den Verlust ihres lebenslangen Partners am Boden zerstört, weshalb die Notfallseelsorge zur Betreuung gerufen wurde. Da der Unglücksort etliche Kilometer entfernt lag, verging einige Zeit bis zu meinem Eintreffen. Als ich ankam, war der Ortspfarrer bereits dagewesen und schon wieder gegangen, eine Tochter der Familie bereits stützend zur Stelle und die Frau war gerade im Gespräch mit dem Bestatter über den Ablauf der Beerdigung.

So blieb für mich eigentlich nichts zu tun und ich setzte mich einfach einige Zeit still dazu, bevor ich mich wieder verabschiedete – mit dem Gefühl, wenig hilfreich und eher unnötig gewesen zu sein. Nach einigen Wochen bekam ich einen Brief von der Tochter, in dem sie mir für mein Da-sein dankte und mir schrieb, wie wohltuend die Ruhe, die ich in dieser doch chaotischen Situation ausgestrahlt hätte, gewesen sei!

Im zweiten Beispiel durfte ich eine dreißigjährige Frau betreuen, die miterleben musste, wie ihr Lebenspartner an einer gut abgesicherten Unfallstelle auf der Autobahn von einem Auto erfasst und in den Seitengraben geschleudert wurde. Von der ersten Panik, ob er den Unfall überleben würde bis zum Aufatmen an seinem Bett auf der Intensivstation vergingen fast drei Stunden. Drei Stunden, in denen wir keine 20 Minuten geredet haben – was hätte es schon zu sagen gegeben? Ich habe zwischendurch immer wieder versucht, aktuelle Informationen aus dem Operationssaal zu bekommen, die Gott sei Dank einigermaßen beruhigend waren, ansonsten saß ich schweigend neben ihr. Gerade dafür hat sie mir in den folgenden Tagen aufrichtig gedankt – dass ich bei ihr war, ohne ihr ein Gespräch aufzudrängen.

Der Prophet gilt nichts im eigenen Land

Dieser Satz stammt sinngemäß aus der Bibel.

Vermutlich haben Sie auch schon ähnliche Erfahrungen gemacht. Nur selten wird man so kritisch begutachtet und nicht oft begegnet einem so viel Skepsis wie in der eigenen Familie, im engsten Freundeskreis, wenn man etwas Neues wagt, vielleicht ein wenig aus der Reihe tanzt, oder auch einfach nur etwas Ungewohntes, Unerwartetes von sich gibt.

In dem Evangeliumstext, in dem Jesus zu dieser „Erkenntnis" gelangt, geht es darum, dass er auf Grund der Ablehnung durch seine Familie, seinen Heimatort, wie es in der Bibelstelle heißt, dort keine „Machttaten" (anders übersetzt „Wunder") tun konnte. Aber es heißt dort auch: „nur einige Kranken legte er die Hände auf und heilte sie."[5] Ist das nicht Wunder genug? Sind das nicht genau die Wunder, die wir uns immer von Jesus erwarten, von denen wir hören? Dass er Kranke heilt, einfach so?

Er konnte dort keine Wunder tun – nur einige Kranke heilte er.

Das eigentliche Wunder, das Jesus wirken möchte, ist also nicht die Krankenheilung. Das eigentliche Wunder – denke ich – ist der Glaube – der Glaube an ihn und damit vor allem auch der Glaube an seinen Vater, an Gott. Ein Glaube, der unabhängig von der

Krankenheilung wirken könnte, ein Glaube, der auch bei bestehender, fortwährender Krankheit Trost und Hilfe sein könnte. Und diesen Glauben konnte Jesus dort nicht stiften, dieses Wunder unterblieb. Denn: Wir kennen ihn doch, seine Familie lebt unter uns, sagen die Umstehenden – was für eine Weisheit will er uns also bringen? Und sie nahmen Anstoß an ihm und lehnten ihn ab. Seien wir also offen für die Botschaft Jesu von seinem liebenden Vater, der unser Heil will, der das Wunder des Glaubens schenken will – auch dann, wenn keine Wunder geschehen.

Und, um auf den Anfang zurückzukommen: Trauen wir uns selbst „Wunder" zu, indem wir Neues wagen, aus der Rolle fallen, aus der Reihe tanzen, an uns selbst glauben.

Der Reichtum der Bibel

Ich möchte Sie ein wenig hineinführen in die wunderbare, faszinierende Welt der Bibel, in die Symbolsprache der Bibel.

In der Apostelgeschichte können wir lesen, wie Matthias zum Apostel gewählt wird – zu dem einzigen Zweck, dass es wieder zwölf sind.

Warum ist dies so wichtig?

Die Zahl zwölf kennen wir in der Bibel zum Beispiel von den zwölf Stämmen Israels. Aber selbst zur Zeit Jesu gab es diese zwölf Stämme schon lange nicht mehr – warum also überhaupt zwölf Apostel? Wie so oft in der Bibel treffen wir hier auf eine Zeichenhandlung: Es soll ausgedrückt werden, dass die Botschaft Jesu, der Sendungsauftrag an die Apostel für alle Stämme Israels, also eigentlich für die ganze Welt gilt, niemanden ausschließt.

Deshalb also ist die Zahl Zwölf wichtig, ist die Nachwahl des Matthias wichtig.

Wir können aber noch eine Stufe tiefer gehen – denn selbst, dass das Volk Israel aus zwölf Stämmen bestand, ist nicht einfach eine Tatsache, sondern symbolisch zu verstehen.

Es gibt aus dem gleichen Grund zwölf Stämme Israel aus dem es sieben Sakramente gibt: Weil Drei und Vier heilige Zahlen sind.

Und zwölf ist nun einmal Drei mal Vier, sieben Drei plus Vier.

Die Drei ist die Zahl der Vollkommenheit und somit die Zahl Gottes, der wir in der Dreifaltigkeit begegnen, die Vier ist die Zahl der Welt: Wir kennen z.B. die vier Elemente, die vier Himmelsrichtungen.

Und dort, wo Gott – die Drei – und Welt – die Vier – sich verbinden – also in der Sieben und der Zwölf – geschieht Heil. Deshalb sind die Zwölf und die Sieben wichtige, heilige Zahlen. Dort, wo Gott und Mensch aufeinandertreffen, wie in den Sakramenten, geschieht Heil.

Für mich ist es immer wieder faszinierend, welchen Reichtum uns die Bibel bietet. Das Judentum spricht hier vom weißen und schwarzen Feuer der Bibel: Das schwarze Feuer sind die Buchstaben, die wir lesen können, das Offensichtliche. Das weiße Feuer sind die Zwischenräume, das Dahinterliegende, das nicht auf den ersten Blick zu sehen ist. Und dieser „unsichtbare Raum zwischen den Buchstaben ist natürlich viel größer als den Raum, den bei Buchstaben selbst einnehmen. Und so ist auch der Reichtum des „weißen Feuers" größer als der des „schwarzen Feuers". Auch wir kennen das im Deutschen, dort heisst es: Zwischen den Zeilen lesen. Auch darin liegt der Reichtum der Bibel.

Der Segen Gottes

Der Segen Gottes – was ist das? Ich denke, wir alle tun uns leicht, diesen Segen Gottes zu entdecken im Guten, das uns Gott sei Dank immer wieder auch begegnet.

Aber wie sieht es aus, wenn uns Schlechtes begegnet, ein Unglück passiert? Wenn jemand im Beruf oder privat scheitert, wenn die Ernte des Lebens misslingt? Ist der Segen dann ausgeblieben? Oder wenn jemand gar von schwerer Krankheit getroffen wird?

Ich glaube, das ist zu kurz gedacht vom Segen.

Mir gefällt da ein Segensspruch der Sioux-Indianer sehr gut, den ich wöchentlich bei der Neugeborenensegnung verwende, weil darin auch der Segen des Leides angesprochen wird. Es heißt dort unter anderem:

Dein Kind sei gesegnet:

Es gewinnt den Segen des Wassers,

es gewinnt den Segen des Wildes,

es gewinnt den Segen der Pflanzen,

den Segen des Lebens und der Erde.

Dein Kind sei gesegnet:

Es gewinnt den Segen der Freude,

es gewinnt den Segen der Leiden,

es gewinnt Freundschaft und Feindschaft,

dein Kind ist gesegnet,

es hat das Leben gewonnen.

Dein Kind **ist** gesegnet, es hat das Leben gewonnen.

(Quelle unbekannt)

Und zu diesem Leben gehört nun mal nicht nur Freundschaft und Glück, sondern auch Enttäuschung, Verzweiflung, Feindschaft und Leid. Dies tut dem grundsätzlichem Gesegnet-sein aber keinen Abbruch. Wir sind Gesegnete, denn wir haben das Leben gewonnen.

Oder, wie es in einer rabbinischen Geschichte heißt:

Zwei Schüler des Rabbi von Mesritsch fragten ihn einmal, wie das Wort des Talmud zu verstehen sei, der Mensch solle Gott für das Übel lobpreisend danken wie für das Gute und solle es in gleicher Freude empfangen.

Der Rabbi antwortete: Geht in das Lehrhaus, da werdet ihr Sussja finden, wie er seine Pfeife raucht. Er wird euch die Deutung sagen.

Sie gingen in das Lehrhaus und legten Rabbi Sussja ihre Frage vor. Der lachte: „Da habt ihr euch den Rechten ausgesucht! Ihr müsst euch schon an einen anderen wenden, und nicht an einen wie mich, dem zeitlebens kein Übel widerfuhr."

Sie aber wussten: Es war Rabbi Sussjas Leben vom Tag seiner Geburt an bis zu diesem Tag aus Not und Pein gewoben. Da verstanden sie, was es heißt, Leid in Liebe zu empfangen. (Quelle unbekannt).

Dies ist sicher nicht einfach, sicher nicht einmal „machbar", „leistbar" – aber dies ist der Segen Gottes, der uns zugesagt ist: Er bewahrt uns nicht vor allem Leid, aber in allem Leid bleibt er bei uns.

Ein Leben voller Brüche

Eine 70jährige Patientin hat mir höchsten Respekt abgefordert. Sie hatte Krebs, zwei Chemotherapien hinter sich, eine gequetschte Niere (beim Schweinefüttern ist sie auf einen Trog gefallen, „hab weiter gearbeitet, war ja niemand da, der mir hätte helfen können"), seit 5 Jahren Zittern, kann kaum noch schreiben. Sie ist Wolgadeutsche, lange in Sibirien gewesen, hat vier Mädchen und einen Jungen bekommen, die Älteste ist mit 15 Monaten gestorben. Drei der vier Kinder waren vom ersten Mann, der 6 Stunden nach einem schweren Verkehrsunfall gestorben ist. Den zweiten Mann hat sie in Sibirien wegen der Kinder geheiratet, er war Alkoholiker, hat alles Geld immer versoffen, ist zur Zeit im Gefängnis. Sie leben getrennt, sind aber nicht geschieden. 7 Enkelkinder und 3 Urenkel hat sie, von denen sie einige noch gar nicht gesehen hat, weil ihr Sohn Soldat in Russland ist – er hat im Pass angegeben, dass er Russe ist, nicht Deutscher, darf deshalb nicht ausreisen. Ein Leben voller Brüche – und ein Mensch, der trotzdem nicht daran zerbrochen ist.

Engagement

Zahlreiche Texte finden wir in der Bibel, in denen es darum geht, dass sich unser Glaube nicht in Aussagen, in Glaubenswahrheiten zeigen soll, sondern der Tat. Für mich stellen sie immer wieder eine Herausforderung dar:

Es geht meiner Meinung nach im Christentum nicht darum, eine Lehre zu vertreten, etwas zu glauben, nicht um Dogmen und Inhalte, sondern ums Tun!

In einer Diskussion mit meinen Schülern an der Berufsfachschule für Krankenpflege ging es über unsere Verantwortung für die Welt. Umweltschutz, Engagement für die Umwelt, Verzicht auf Flugreisen und ähnliches waren die Themen. Die vorherrschende Meinung war: Was bringt es schon, wenn ich als Einzelner auf etwas verzichte, mich engagiere? Was bringt es, wenn Deutschland hohe Abgasnormen vorschreibt, Dieselautos verbietet, aus der Atomenergie aussteigt und viele Länder rundum nicht?

Die Bibel verfolgt da einen anderen Ansatz: Es geht immer um mich und mein Tun. Ich muss vor Gott gerade stehen für mein Handeln, ich muss in den Spiegel schauen können, unabhängig davon, was die anderen machen.

Im Judentum gibt es dazu die sehr schöne Geschichte von den 36 Gerechten. Es heißt dort, wenn 36 Menschen weltweit einen Sabbat lang die Gebote halten würden, wäre das Ende der Welt, die Erlösung da! Das heißt, es liegt an mir, wenn es nicht geschieht: Denn vielleicht gibt es heute ja schon 35 Gerechte, und nur ich und meine guten Taten fehlen, um die Welt zu erlösen.

Erinnerungen

Ich besitze eine alte Leder-Aktentasche, in der ich eine Zeit lang mein Laptop transportiert habe. Und wie meine Tochter es ausgedrückt hat: Die einzige Entschuldigung dafür, dass ich mit dieser alten, speckigen, dreckigen Aktentasche rumlaufe, ist, dass es die Aktentasche meines verstorbenen Vaters ist.

Als meine Mutter mich gefragt hat, ob ich sie brauchen kann, habe ich zuerst nein gesagt – was sollte ich mit dem alten Teil? Inzwischen bin ich froh, dass ich es mir dann doch anders überlegt habe, ich sie relativ oft bei mir habe. Sie erinnert mich dann jedes Mal an meinen Vater, der sie jahrelang jeden Tag mit ins Büro genommen und später so manche mehr oder weniger wichtigen Unterlagen darin aufbewahrt hat.

Erinnerungen haben immer etwas Schmerzliches, weil sie uns an den Verlust erinnern, an den Menschen, der eben nicht mehr da ist. Aber sie haben auch etwas sehr Tröstliches: Es ist noch etwas da vom anderen, er ist nicht gänzlich verschwunden, in der Erinnerung lebt er weiter. An Orten, an denen man gemeinsam öfter war, in Gegenständen, die dem anderen gehörten, die er oft benutzt hat, ist noch etwas spürbar, greifbar vom Anderen. Die

Erinnerung ist das tröstende, durch alle Dunkelheit strahlende Licht.

In der Emmauserzählung der Bibel begegnen zwei Jünger dem auferstandenen Jesus und erkennen ihn nicht. Erst an der Art und Weise, wie er das Brot bricht, erkennen die Jünger Jesus wieder – und es brannte ihnen das Herz, es wurde wieder hell in ihrem Leben. Es kostet oft Kraft und Mut, sich auf Erinnerungen einzulassen, sie zuzulassen. Aber wenn wir den Mut haben, uns unseren Erinnerungen und auch dem Schmerz über den Verlust, den sie wachrufen, zu stellen, dürfen wir auch Trost und Heilung erfahren.

Gedenken

Im Judentum ist es üblich, beim Besuch an einem Grab einen Stein auf die Grabplatte zu legen – als Zeichen des Gedenkens, als Zeichen, dass man da war. Auch auf Palliativstationen und in Hospizen finden oft Steine Verwendung – wenn einer der Bewohner stirbt, wird der Name auf einen Stein geschrieben und vor dem Zimmer zusammen mit einer Kerze als Zeichen aufgestellt.

Mit Steinen kann man viel anfangen, Gutes und Schlechtes. Man kann Steine werfen um Dinge zu zerstören oder jemanden zu verletzen, man kann Mauern damit bauen, die trennen oder auch schützen, ein Haus bauen, das Geborgenheit und Halt gibt, Wege damit anlegen, etwas kennzeichnen, markieren, umranden.

Steine sind hart, aber gerade deswegen auch verlässlich, Halt gebend.

Grabmäler, Grabsteine, wie der Name sagt, sind aus Stein, sind damit immer auch Zeichen des Unvergänglichen.

Steine, so hart sie auch sind, werden aber durch Wasser und Wind auch abgeschliffen, gerundet, verlieren ihre scharfen Kanten, so dass wir uns nicht mehr so leicht verletzen können daran.

Und letztlich wird aus großen Felsbrocken, die unzerstörbar und unbezwingbar scheinen, feiner Sand, der uns einlädt, ihn zu spüren, durch die Finger rieseln zu lassen.

Dies braucht viel Zeit, ist nicht zu erzwingen.

Der Schmerz eines Verlustes, die Erinnerung bleibt und darf bleiben. Lange Zeit war die Rede davon, dass Trauernde loslassen sollten. Wie aber soll ich die Erinnerung an den Menschen, mit dem ich 30, 40 oder sogar 60 Jahre meines Lebens verbracht habe, loslassen. Trauernde haben sich instinktiv dagegen schon immer gewehrt. Besser scheint es, den Schmerz zuzulassen, durch ihn hindurchzugehen. Wie ein Stein wird er nicht verschwinden, aber er wird mit der Zeit abgeschliffen, weniger kantig und schmerzhaft werden – auch das kann uns ein Stein lehren.

Auch Gott schreibt seine Gebote auf Steintafeln, damit sie nicht in Vergessenheit geraten, und im Sch`ma Israel, dem Glaubensbekenntnis der Israeliten, heisst es, dass man die Worte Gottes in die Mauern der Stadttore schreiben soll, also an den Ort, den man oft sieht – ein schönes Zeichen des Nicht-Vergessens.

Geglücktes Leben

Die 83jährige Patientin ist wegen Kreislaufproblemen im Krankenhaus. Mit strahlendem Gesicht erzählt sie mir von ihrer großen Familie (Kinder, Enkel und Urenkel), die alle zusammenhalten – und vor allem von ihrem Mann, mit dem sie seit 66 Jahren verheiratet ist. Sie hat sich mit ihrem Stiefvater nicht vertragen, der sie gern aus dem Haus hatte, und so war die Heirat mit 17 kein Problem – und das Glück ihres Lebens!

Geteiltes Leid ist halbes Leid

Geteiltes Leid ist halbes Leid, geteilte Freude ist doppelte Freude.

Stimmt das?

Kann man Leid wirklich teilen?

Man kann es mitteilen, andere daran teilhaben lassen. Aber wird es dadurch weniger? Ich habe da so meine Zweifel, dass man das so einfach darstellen kann!

Was also bringt es, sich mitzuteilen, sein Leid zu teilen? Eine Antwort darauf finden wir im Buch Prediger in der Bibel. Es heißt dort sinngemäß: Wenn einen das Leid zu Boden drückt, wenn man hinfällt, kann einer den anderen aufrichten. Wenn das Leid einen Einzelnen überwältigen kann, können zwei ihm gewachsen sein und „eine dreifache Schnur reißt nicht so schnell."[6] Das heißt für mich ganz einfach, dass Gemeinschaft tragen kann. Gemeinschaft kann helfen, Leid zu tragen, zu ertragen – auch wenn es dadurch noch nicht weniger wird.

Das ist auch ein guter Grund, in den Gottesdienst zu kommen, ein Sinn davon, sich zu versammeln als Kirche, als Gemeinde. Um Gemeinschaft im Leid zu erfahren, Leid zu teilen – und vielleicht ein wenig Kraft zu bekommen, um es tragen, ertragen zu können.

Glaube und Wissen

Das muss man halt glauben, wissen kann das keiner. In diesem Satz, den ich so oder ähnlich oft höre, werden Glauben und Wissen in einen Gegensatz gesetzt. Aber Glaube ist eigentlich etwas ganz anderes.

Glaube ist: Feststehen in dem, was man erhofft, Überzeugt sein von Dingen, auch wenn man sie nicht sieht, beweisen kann.

Dabei glauben viele Leute heute viel mehr als jemals zuvor. Sie glauben an Astrologie, Bachblüten, Edelsteintherapien, Reiki, Pendeln, Kartenlegen, ...

Und natürlich hilft der Glaube oft – den Placebo-Effekt kann man sehr gut beweisen, das heißt zum Beispiel, dass Medikamente ohne Wirkstoff helfen, wenn der, der sie einnimmt, daran glaubt.

Ich glaube, dass es Gott gibt, dass er jeden Menschen liebt, dass das Leben eines jeden Menschen gut ausgeht, in seiner Liebe endet. Mein Glaube ist nicht beweisbarer als der Glaube an die Wirkung von Bachblüten, aber sicher auch nicht unsinniger!

Und: Er ist umfassender! Ich brauche nicht für jeden Bereich etwas anderes – die Astrologie für meine Planungen, die Wiedergeburt für meine Todesangst, die Bachblüten für meine Gesundheit....

Für mich gibt es in der Schöpfung schon mehr als genug Hinweise auf Gott:

Dass ein Kastanienbaum 700 Jahre alt werden kann, eine Fichte 1000, amerikanische Sequoia-Bäume 6000 Jahre – ist das nicht so wunderbar, so unvorstellbar, dass einem einfach die Worte fehlen? Natürlich kann man vieles erklären – aber wird es deswegen weniger faszinierend, dass man hat noch nie zwei gleiche Schneeflocken entdeckt hat?

Dass auf 100 x 100 m Fläche fruchtbaren Bodens ca. 7,5 Millionen Würmer leben, von denen jeder pro Tag 220 g Erde bewegt und belüftet?

Dass ein Kubikzentimeter Meerwasser 300 km Proteine, 5 500 km Zuckerverbindungen, 2 km DNS-Verbindungen enthält?

Dass der Mensch 600 000 verschiedene Farbstufen wahrnehmen und 10 000 Düfte unterscheiden kann?

Dass die Nervenbahnen eines einzigen Menschen aneinander gelegt bis zum Mond und wieder zurück reichen würden?

Aus 70 Billionen Zellen besteht unser Körper, 50 000 davon werden pro Sekunde neu gebildet und alte sterben ab. Im Durchschnitt leben die Zellen 15 Jahre lang; Hautzellen 2 Wochen, die Schleimhautzellen des Magens 2 Tage, Zellen in Muskeln und Organen mehrere Jahre, die Nervenzellen im Gehirn ein Leben lang.

10^{30} chemische Reaktionen finden pro Sekunde in den Körperzellen statt (1 000 000 000 000 000 000 000 000 000 000 = eine Quintillion).

Diese Wunder der Schöpfung weisen mich hin auf den Gott, der all das erschaffen hat. Den Gott, der es gut mit uns meint, diese Welt so wunderbar erschaffen hat. Nicht im Sinne eines Baumeisters, der jeden Handstrich selbst erledigt, sondern als das große Prinzip, das hinter allem steht und alles durchdringt.

Glaubenserwartung

Ein 79jähriger Patient mit Alzheimer und Lungenentzündung liegt im Sterben. Seine Frau gesteht mir, dass sie mit Gott gar nicht klar kommt im Moment: Da hat ihr Mann sowieso ein Leben lang viel mitmachen müssen (ein Kind ist gestorben, er allmählich blind geworden und vieles mehr) und jetzt das. Dabei ist er immer nach Altötting gewallfahrtet, hat sogar die Organisation der Wallfahrt übernommen, und da hätte sie sich schon ein wenig mehr Hilfe von Gott für ihn erwartet.

Ich kann die Verzweiflung der Frau über den bevorstehenden Tod Ihres Mannes gut verstehen. Aber was ist falsch gelaufen in der Verkündigung der Kirche, wenn kirchliches Leben und Wallfahrt nicht als Hilfe erlebt werden, sondern scheinbar als Mittel gegen den Tod?

Glück

Schon immer ist mir unverständlich, warum Menschen Kriege führen. Damit ein Stück Land einen anderen Namen trägt? Damit man anderen die eigenen Überzeugungen überstülpen kann? Ich weiß natürlich, dass es viele „nachvollziehbare" Gründe für Krieg gibt – meistens geht es dabei um Macht, Geld, Bodenschätze und ähnliches.

Seit gut einem Jahr bin ich jetzt Opa, seit einem halben Jahr sogar zweifacher. Wenn mir unsere Cornelia ihre Ärmchen entgegenstreckt, weil sie zu mir möchte, sich an mich schmiegt, ist dies ein Glückgefühl, das nicht zu beschreiben ist, wohl nur von anderen Omas und Opas nachempfunden werden kann.

Was ist dagegen alles Geld und alle Macht der Welt? Allerhöchstens ein schaler Ersatz, würde ich sagen.

Und so ist mir das folgende Märchen heute vertrauter denn je:

Als der Krieg zwischen den beiden benachbarten Völkern unvermeidlich war, schickten die feindlichen Feldherrn Späher aus, um zu erkunden, wo man am leichtesten in das Nachbarland einfallen könnte. Und die Kundschafter kehrten zurück und berichteten ungefähr mit den gleichen Worten ihren Vorgesetzten: es

gäbe nur eine Stelle an der Grenze, um in das andere Land einzu-
brechen.

„Dort aber", sagten sie, „wohnt ein braver kleiner Bauer in einem
kleinen Haus mit seiner anmutigen Frau. Sie haben einander lieb,
und es heißt, sie seien die glücklichsten Menschen auf der Welt.
Sie haben ein Kind. Wenn wir nun über das kleine Grundstück in
Feindesland einmarschieren, dann würden wir das Glück zerstören. Also kann es keinen Krieg geben."

Das sahen die Feldherren denn auch wohl oder übel ein, und der
Krieg unterblieb, wie jeder Mensch begreifen wird. (Quelle unbekannt).

Gott liebt dich

„Wie halten Sie das nur aus? Ich könnte das nicht – den ganzen Tag nur Krankheit und Tod".

Diesen Satz höre ich öfter einmal, wenn ich von meinem Beruf als Krankenhausseelsorger erzähle.

Ich antworte dann meist darauf, dass es natürlich ein großer Unterschied ist, ob man jemanden aus der eigenen Familie, einen nahen Verwandten und geliebten Menschen verliert, oder beruflich mit Krankheit und Tod umgeht.

Und trotzdem berühren sich die beiden Bereiche natürlich oft – so starb einer meiner ehemaligen Schüler mit nur 32 Jahren hier im Klinikum, und eine 45j. Bekannte von früher musste und durfte ich ebenfalls hier schwerstkrank wieder treffen.

Was ist es also, was den Schmerz, den Verlust, die Trauer erträglich macht?

Für mich ist es mein Glaube, der mich fest davon überzeugt sein lässt, dass auf jeden von uns ein Leben bei Gott wartet, ein Leben in Fülle und Herrlichkeit, ohne Leid, voller Glück.

Diese Überzeugung gründet unter anderem in der Bibel. Die Jünger des Johannes fragen Jesus einmal, ob er der Erwartete, der Messias sei, und Jesus zählt als Antwort auf, was alles durch ihn geschieht. In Aufzählungen finden wir ja meist Steigerungen und so auch hier:

„Blinde sehen wieder und Lahme gehen; Aussätzige werden rein und Taube hören; Tote stehen auf und Armen wird das Evangelium verkündet."[7]

Alle Gebrechen werden geheilt, sogar Tote stehen auf – aber der Höhepunkt, das Wesentliche und Wichtigste was durch Jesus geschieht, ist, dass das Evangelium verkündet wird, die Frohe Botschaft: Gott liebt Dich, Gott will Dir Gutes, über den Tod hinaus. Dieser Glaube hilft mir, an das Gute zu glauben, daran zu glauben, dass Gott es gut mit uns meint – auch wenn ich nicht sagen kann, warum jemand mit 32 oder 45 sterben muss.

Gott verherrlichen

Im 1. Korintherbrief lesen wir ein sehr befreiendes Wort, das aber auf der anderen Seite auch einen wahnsinnigen Anspruch an uns stellt: „Ob ihr also esst oder trinkt oder etwas anderes tut: Tut alles zur Verherrlichung Gottes!"[8]

Befreiend, weil die Frage, was wir zur Verherrlichung Gottes tun können, was wir tun sollen, um seinen Willen zu erfüllen, mit ganz schnöden Alltagsangelegenheiten beantwortet wird: Damit, wie wir essen und trinken oder etwas anderes tun, also unseren Alltag eben leben.

Wir sind also nicht dazu aufgefordert, „die Welt zu retten", das Elend in der Welt zu beseitigen – wir wissen ja selbst, dass wir das nicht können. Sondern darin, wie wir unseren ganz normalen Alltag leben, als Mann, als Frau, als Mutter, Vater, Ehepartner, Arbeiter, Angestellter, Beamter, …. soll sich zeigen, dass wir zu Gott gehören.

Zugleich steckt darin aber wie gesagt auch ein wahnsinniger Anspruch: Ob ihr also esst oder trinkt oder etwas anderes tut: Tut alles zur Verherrlichung Gottes!

Kann ich dann noch in ein Nobelrestaurant gehen und mir ein Steak um 50 Euro kaufen und eine Flasche Wein um 180 Euro dazu trinken? Verherrliche ich damit Gott? Wohl eher nicht.

Kann ich dann noch zwei Mal im Jahr in den Urlaub fliegen? Obwohl ich weiß, dass ich damit die Umwelt massiv schädige – von dem Geld, das ich dafür ausgebe, einmal ganz abgesehen? Kann ich noch mit dem Auto Strecken fahren, die ich genauso gut – wenn auch vielleicht umständlicher oder teurer – mit dem Rad, Bus oder der Bahn bewältigen könnte? Sicher alles Fragen, die jede und jeder für sich entscheiden muss – aber als Christ eben auf dem Hintergrund, ob sie oder er damit Gott verherrlicht!

Gottes Ruf an uns

Im Alten Testament begegnen wir im Buch Samuel einer seltsamen Geschichte.

Dreimal ruft der Herr den Samuel, und dreimal erkennt dieser nicht, dass Gott es ist, der ihn ruft. Es braucht den alten, erfahrenen Priester Eli, um zu erkennen, dass es Gott ist, der den Samuel ruft. Und auch dieser erkennt erst beim dritten Anruf, dass Gott es ist, der Samuel ruft.

Ist das nicht seltsam? Würden wir uns nicht vorstellen, dass wir es sofort merken würden, wenn Gott zu uns spräche? Und trotzdem spiegelt es genau unsere Situation wieder: Ständig spricht Gott zu uns, und wir merken es nicht: In praktisch jeder Nachrichtensendung, in der wir von der Not anderer Menschen erfahren, bittet Gott uns um Hilfe für sie. Wo auch immer wir von Ungerechtigkeit und Krieg hören, sagt Gott zu uns: Tu etwas, um das zu beenden. Und wem das zu weit weg ist, sich zu ohnmächtig fühlt, etwas zu ändern, der braucht nur offenen Auges durch die Stadt zu gehen – er wird genügend Menschen finden, die der Hilfe, sei es materieller Art oder des Trostes – bedürfen.

Und wem selbst das noch zu weit weg ist, der braucht sich nur in seinem Bekanntenkreis und der Familie umsehen – ich bin mir sicher, jeder findet da jemanden, der ein gutes Wort, eine hilfreiche Hand brauchen kann. Letztlich kann es also nur darum gehen, dass wir Gottes Anruf hören wollen, uns nicht davor drücken, auf seinen Anruf zu hören.

Herr, ich bin nicht würdig

Zumindest den kath. Kirchgängern dürfte dieser Satz sehr bekannt sein. Vor jedem Kommunionempfang sprechen die Gläubigen „Herr, ich bin nicht würdig, dass Du eingehst unter mein Dach, aber sprich nur ein Wort, so wird meine Seele gesund." Ursprünglich stammt er aus der Bibel. Im Lukasevangelium lesen wir die Geschichte eines Hauptmanns, der Jesus um Heilung für seinen Diener bittet. Er empfindet sich so unwürdig, dass er zum einen diese Bitte nur ausrichten lässt, zum anderen, als Jesus in sein Haus kommen will, dies mit den Worten ablehnt: „Herr, bemüh dich nicht. Denn ich bin es nicht wert, dass du unter mein Dach einkehrst. Deshalb habe ich mich selbst auch nicht für würdig gehalten, zu dir zu kommen. Aber sprich nur ein Wort, dann wird mein Diener gesund." [9]

Ich persönlich bete diesen Satz seit vielen Jahren nicht mehr mit. Ich halte ihn aus zwei Gründen für falsch. Falsch auf der menschlichen Ebene und falsch auf der Theologischen.

Menschlich erinnert er mich an den Satz, den Hausfrauen (oder natürlich auch Hausmänner), die stundenlang in der Küche standen, um ein tolles Essen für den Besuch zuzubereiten, oft hören müssen: „Aber das hätte es doch nicht gebraucht". Ich glaube nicht, dass sich schon jemals jemand über diesen Satz gefreut hat. Und wie gesagt empfinde ich diesen Satz Jesus gegenüber ähnlich unangebracht. Er hat sich auf den Weg zu uns Menschen gemacht, hat das Erdenleben auf sich genommen, ist Brot geworden, um uns nahe zu sein und uns zu (er)nähren und dann sagen wir sinngemäß „aber das hätte es doch nicht gebraucht".

Und theologisch: Jesus hat uns durch sein Leben, Wirken und seinen Kreuzestod befreit – von aller Schuld, zu einem (gottgefälligen) Leben. Und dann, wenn er uns im Brot stärken will für dieses Leben, negieren wir sozusagen diese Befreiung zu einem Leben in der Würde der Gotteskindschaft, indem wir zurückfallen in das „nicht-würdig-sein". Sicher kann man dies alles sowohl menschlich als auch theologisch anders sehen, deuten. Für mich aber passt dieser Satz nicht vor die Begegnung mit Jesus im „Brot des Leben". Ich spreche stattdessen in Gedanken für mich „Herr, ich danke Dir, dass Du auf die Welt gekommen bist und uns gezeigt hast, wie wir gut leben können". „Gut" meint hier natürlich nicht, dass ich genug Geld für Champagner und Kaviar habe, sondern gut im Sinne von zufrieden, sinnerfüllt, gottgefällig. Probieren Sie es aus – es „passt".

Hoffnung

Hoffnung ist die Erinnerung daran, dass es schon einmal besser war.

Dieser Satz, den ich vor einiger Zeit gehört habe, hat mich sofort fasziniert. Hoffnung ist die Erinnerung daran, dass es schon einmal besser war.

Ich habe letzte Woche eine Patientin besucht, die ein wirklich schweres Leben hinter sich hat. Ihr Mann ist 1945 nach nur 4 Jahren Ehe in Russland gefallen, sie hat ihre beiden kleinen Kinder dann in der harten, entbehrungsreichen Nachkriegszeit allein aufgezogen und ist auch ihr ganzes Leben allein geblieben.

Als ich sie gefragt habe, wie sie ihren Mann denn kennen gelernt hat, ist ein Leuchten über ihr Gesicht gegangen. Sie war Magd auf einem Bauernhof, er war Lastwagenfahrer und musste zwei Schweine abholen. Er hat sie hergewunken, ihr gesagt, sie soll mit der rechten Hand unter dem Schwein durchgreifen, hat ihre Hand genommen und so haben sie das Schwein auf den Lastwagen gehoben.

Zwei Wochen später hat er sie ins Kino abgeholt, und zwei Jahre darauf haben sie geheiratet – sie mussten warten, bis sie 21 war, weil ihre Eltern von ihm nicht so angetan waren.

Heute hat sie neben ihren beiden Söhnen, auf die sie sehr stolz ist, schon 6 Enkel und 4 Urenkel.

Nur vier Jahre waren ihr vergönnt mit diesem Mann, der ihre Liebe auf den ersten Blick war. Aber noch immer trägt diese Liebe sie.

Hoffnung ist die Erinnerung daran, dass es schon einmal besser war.

Ich wünsche jedem von uns viele gute Erlebnisse, die einmal zu Hoffnung gebenden Erinnerungen werden können.

Hoffnungsbilder

Vor vielen Jahren begegnete ich einer 73jährigen Patientin mit Speiseröhrenkrebs. Zahlreiche Bestrahlungen hatte sie hinter sich, sie konnte nichts mehr essen, wurde künstlich ernährt. Alles war sehr hoffnungslos, dunkel, deprimierend. Und dann sagte sie plötzlich: Wenn ich nur noch einmal ein Hähnchen essen könnte, mit knuspriger Haut und selbstgemachtem Kartoffelsalat – oder wenigstens riechen! Und sie beschrieb mir genau, wie dieses Hähnchen und der Kartoffelsalat gemacht werden müssen, wie es schmeckt. Mindestens 10 Minuten schwelgten wir in Erinnerungen, in Gedanken und Gefühlen zu Kartoffelsalat und Hähnchen. 10 Minuten, in denen sie keinen Speiseröhrenkrebs hatte, alles Dunkle und Hoffnungslose vergessen war!

An ein ganz ähnliches - fast schon rebellisches - Hoffnungsbild erinnere ich mich bei einer Patientin, die ins Heim musste. Sie schwärmte davon, dass sie immer so eine gute Gulaschsuppe gemacht hat, und darunter leidet, dass sie im Heim nicht mehr kochen kann. Aber einmal wird sie sie sich noch machen!

Hoffnungsvision

Von einer 64jährigen Patientin möchte ich Ihnen erzählen, die es ein Leben lang schwer gehabt hat. 8 Jahre ist sie alt gewesen, als die Nachricht kam, dass der Vater in Russland gestorben ist, vorher hatte sie ihn schon 2 Jahre nicht mehr gesehen. Die Mutter hat dann wieder einen Freund gehabt, das hat sie ihr nie verziehen. Bei der Geburt ihres einzigen Sohnes bekam sie Lungentuberkulose, musste vier Jahre in ein Sanatorium, der Sohn ist bei der Oma aufgewachsen, bis heute hat sie wenig Kontakt zu ihm. Ihre Ehe ist damals auch gescheitert. Ihr zweiter Mann hatte vor 6 Jahren einen Herzinfarkt, ist nach Reanimation noch drei Monate bewusstlos dagelegen, sie ist auf Grund dieser Situation psychisch zusammengebrochen, so dass sie ins Bezirkskrankenhaus musste. Und jetzt hat sie Brustkrebs, mit unerträglichen Schmerzen. Ein inoperabler Tumor wurde festgestellt. In all dieser Trostlosigkeit entwickelte sich ein Hoffnungsbild: Der Vater auf einem Pferd, er hält sie im Arm. Gemeinsam waren wir uns sicher, dass er sie so im Himmel erwartet.

Viel davon hat sie mir 2 Tage vor ihrem Tod erzählt, am Tag vor ihrem Tod durfte ich noch 2 ½ Stunden wortlos bei ihr sitzen, hin und wieder haben wir uns in tiefem Einverständnis angeschaut.

Für mich eine der erfüllendsten Begleitungen, die ich geschenkt bekommen habe.

Irrtum

Zu einer 83jährigen Altenheimbewohnerin wurde ich gerufen, weil bekannt war, dass sie sehr religiös ist und klar war, dass sie sterben wird. Sie wurde wegen ihres schlechten Allgemeinzustandes eingeliefert, dabei auch ein Beckenbruch festgestellt. Als ich zu ihr komme, kann sie nicht mehr sprechen, so dass ich alleine für sie bete. Eine Woche lang besuche ich sie immer wieder, ein Hospizplatz wird organisiert. Dann bessert sich zur Überraschung aller ihr Zustand langsam. Nach drei Wochen wird sie wieder in ihr Altenheim entlassen.

Schön, dass es auch solche (medizinische) Irrtümer gibt, dass das Leben sich manchmal gegen alle anderslautenden Vorhersagen durchsetzt.

Kirche

Kirche – und hier vor allem auch die Liturgie – ist für mich ein Raum, in dem ich auch Fehler machen darf. Angefangen von den nicht angezündeten Altarkerzen, die man während des Eingangsliedes bemerkt über die noch ausgeschaltete Mikrofonanlage bis dahin, dass ich eine Lesung nicht lesen kann, weil ich in einen falschen Atemrhythmus gekommen bin.

Nicht zu vergessen die vielen Ministranten, die in langen Osternächten schon umgefallen sind oder – noch peinlicher – sich übergeben haben. Wenn diese Erlebnisse eingebettet werden konnten in Fürsorge und die Botschaft, dass das nicht schlimm ist – toll.

Kirche ist für mich ein Raum, in dem man nicht verurteilt, geschimpft, auf sein Versagen hingewiesen wird – so durfte ich dank guter, gütiger Pfarrer Kirche mein Leben lang erleben.

Der erste Pfarrer, den ich in meiner Heimatgemeinde als Kind und Jugendlicher erleben durfte – ein älterer Herr – hatte immer den Grundsatz: Probiert es aus – wenn es gut ist, macht es wieder, dann wird es Bestand haben, wenn nicht, lasst es halt bleiben.

Kirche ist ein angstfreier Raum, das wäre für mich die kürzeste und – neben vielen natürlich auch guten theologischen Überlegungen – menschlichste Definition.

Leid und Sinn

Vor kurzem sind wir in einem Gesprächskreis auf die Frage nach dem Sinn von Leid gekommen. Wie nicht anders zu erwarten, gingen die Meinungen auseinander – von der festen Überzeugung, dass jedes Leid auch seinen Sinn hat bis dahin, dass Leid völlig sinnlos ist.

Klar war zumindest, dass man einem leidenden Menschen den Sinn seines Leidens nicht verordnen kann, es keinen Trost darstellt, ihn auf die Suche nach dem Sinn seines Leidens zu schicken. Und dass ein möglicher Sinn von Leid meist erst lange Zeit nach der Leiderfahrung gefunden werden kann.

Ich persönlich mache zum einen die Erfahrung, dass Menschen aus der Überzeugung, dass ihr Leid schon einen Sinn haben wird – „Gott wird es schon wissen, wozu es gut ist", höre ich relativ oft – Kraft ziehen können.

Zum anderen mache ich auch die Erfahrung, dass Leid den Menschen von Gott trennen kann, dass Menschen sich im Leid eben auch von Gott verlassen fühlen, z.B. nicht mehr beten können.

Harold Kushner, ein jüdischer Rabbi, erfuhr, als sein Sohn Aaron drei Jahre alt war, dass dieser unheilbar krank ist. Im Alter von 14 Jahren musste er ihn beerdigen. Er schreibt: Ich bin ein mitfühlender Mensch, ein Rabbi mit mehr Ausstrahlung, ein besserer Ratgeber durch Aarons Leben und Tod geworden, als ich ohne ihn je hätte sein können. Ich gäbe alle diese Vorzüge aber in einer einzigen Sekunde wieder zurück, wenn ich meinen Sohn dafür zurückhaben könnte. (Quelle unbekannt).

Jeder, der ein Kind verloren hat, wird ihm sicher zustimmen – egal, welchen Sinn man dem Sterben eines Kindes zu geben vermag – man würde alles geben, um dieses Ereignis rückgängig zu machen.

Zur Frage nach dem Sinn des Leides schreibt Kushner weiter:

Ich meine, dass das Böse, das uns im Leben widerfährt, keinen Sinn hat in dem Augenblick, in dem es uns widerfährt. Aber wir können ihm einen Sinn verleihen. Wir können es von seiner Sinnlosigkeit befreien, indem wir ihm eine Bedeutung geben. Die Frage, die wir stellen sollten, lautet aber nicht: Warum ist mir das passiert? Womit habe ich das verdient? Darauf gibt es keine Antwort. Besser wäre es, zu fragen: Was kann ich, da mir solches widerfahren ist, jetzt tun? (Quelle unbekannt).

Letzter Wunsch

Ich begegne einer 83jährigen Frau, die Leukämie und viele Metastasen hat. Viel hat sie mitmachen müssen im Leben: Mit einem Kind und hochschwanger die Flucht aus Oberschlesien, 3 Söhne und 1 Tochter hat sie großgezogen, ihr Mann ist am 15. Geburtstag der Jüngsten an Krebs gestorben. Sie hat gemerkt, dass sie nicht allein sein will, hat nach 15 Jahren auf eine Kontaktanzeige in der Zeitung geantwortet und dadurch ihren jetzigen Lebenspartner gefunden. Drei Monate lang haben sie nur telefoniert, dann hat sie nach München kommen müssen, um ihn kennen zu lernen. Er hat sie in ein Lokal eingeladen und dort das Billigste auf der Karte bestellt – „Oh je" hat sie sich gedacht. Mit der Zeit aber hat sie festgestellt, dass er zwar sparsam, aber nicht geizig ist, er verwöhnt ihre Enkelkinder sehr. „Mir kann man nicht mehr helfen, aber Weihnachten möchte ich noch erleben; da kommt die Tochter aus Amerika" – so ihr letzter Wunsch.

Liebe mich

Liebe mich, wenn ich es am wenigsten verdiene – weil ich es dann am meisten brauche.

Diese Aussage bringt wohl DAS menschliche Grundbedürfnis nach Liebe und Anerkennung auf den Punkt: Immer und unter allen Umständen geliebt zu werden, auch wenn man unausstehlich ist, sogar wenn man sich selber nicht mag.

Zugleich gibt er uns einen Hinweis, was aufsässige und sich unmöglich verhaltende Kinder und Jugendliche uns oft einmal sagen wollen und was sie erfahren möchten: Werde ich bedingungslos geliebt, selbst wenn ich so unmöglich bin? Eben dann, wenn ich mit mir selber nicht zurechtkomme und mich selber nicht mag?

Und zu guter Letzt ist dieser „einfache Satz" sicher die Quintessenz, die ganze Botschaft des Christentums: Wir sind von Gott geliebt ohne Wenn und Aber, keine Schuld und Sünde kann uns von ihm trennen, nie wird er uns verloren geben. Und aus dieser Sicherheit heraus, aus dieser von jeglicher Angst befreienden Erfahrung heraus könnte es uns möglich sein, auch den so „furchtbar anderen" zu verzeihen und sie zu lieben.

Liebe den anderen, wenn er es am wenigsten verdient – weil er es dann am meisten braucht!

Notration

November - ein trüber Monat, ein Monat, der viel mit Tod und Trauer zu tun hat - ich erinnere nur an Allerheiligen, Allerseelen, Totensonntag, Volkstrauertag. Ein Monat, der vielleicht mehr Kraft kostet als manch anderer.

Wie so einen Monat, so ein Leben durchstehen?

Mir fällt dazu mein „Notrationen-Süßigkeiten-Paket" ein, das ich als Kind hatte: Eine große Plastiktüte voll mit Schokolade, Marzipan, all den Dingen, die ich als Kind gerne hatte. Ich habe nie viel davon gegessen - aber diese Tüte zu besitzen, die Gewissheit, jederzeit reingreifen zu können, hat mir oft geholfen, Durststrecken durchzuhalten und hat mir ein gutes Gefühl - Kraft - gegeben.

Mein heutiges Notrationen-Paket ist ein bisschen komplizierter - gute Freunde sind drin, das Gefühl, bisher ein gutes Leben gelebt zu haben, meine Frau und meine Kinder und Enkelkinder, mein Glaube, so brüchig und unvollkommen er auch sein mag, vor allem viele schöne Erlebnisse und auch manche Traurigkeiten, die ich hin und wieder gern hervorhole und mir anschaue - weil sie zu mir gehören.

Auch in dieses Paket muss ich nicht ständig reingreifen - aber es zu haben, tut gut, gibt Kraft.

Darüber hinaus habe ich noch immer eine Schublade mit Schokolade, Marzipan und ähnlichem. Schließlich begleitet uns die Kindheit ein Leben lang!

Wo nehmen Sie ihre Kraft zu leben her? Haben Sie auch so ein Notrationen-Paket? Ich wünsche es ihnen - nicht nur im November.

Oft ist es zu spät

Diese Erfahrung kennt sicher jede und jeder von uns: Mit dem Brief, den man doch heute noch einwerfen wollte und dann liegt er am Abend immer noch auf dem Tisch. Mit dem Anruf, den man unbedingt heute machen wollte und dann ist es plötzlich 22 Uhr und man traut sich nicht mehr anzurufen.

Und es gibt diese Erfahrung auch im nicht-alltäglichen Leben. Eine Erfahrung, die man vielleicht machen muss, wenn man einen lieben Menschen verloren hat.

Eine schlimme Erfahrung, eine traurige Erfahrung, wenn man im Nachhinein feststellen muss, dass man Gelegenheiten versäumt hat, aus welchen Gründen auch immer das nicht getan hat, was dran gewesen wäre.

Ein Lehrerkollege, mit dem ich oft Karten gespielt habe, ist nach jahrelanger Krankheit gestorben. Ich habe immer wieder mal mit ihm telefoniert – viel zu selten, wie ich mir heute denke – und ich hätte gerne noch einmal mit ihm in unserer vertrauten Runde Karten gespielt. Vielleicht wäre es ja gegangen und es hätte ihn gefreut, wenn ich nur hartnäckiger dahinter her gewesen wäre.

In Bezug auf meinen Kartenspiel-Freund stelle ich fest, dass ich heute öfter an ihn denke als in der Zeit seiner Erkrankung. Und oft fallen mir aus heiterem Himmel seine Sprüche ein, die jeden Kartenspiel-Abend begleiteten: „Unbemerkt schafft die Natur das Schöne", hat er immer gesagt, wenn er ein gutes Blatt hatte. Und „Maria, breit den Mantel aus", wenn er einen rechten Blödsinn gespielt hatte und das gemeinsame Spiel dadurch verloren ging.

In meiner Erinnerung ist er somit sehr lebendig – das bringt ihn nicht wieder, macht kein gemeinsames Kartenspiel mehr möglich, aber es tut mir gut.

Und ich weiß auch, dass da, wo für uns alles vorbei ist, wo es für uns vielleicht wirklich zu spät ist, für Gott noch lange nicht alles vorbei ist.

Dieser Glaube hilft mir, mit den vielen ungesagten Dingen meines Lebens, den versäumten Gelegenheiten leben zu können.

Seelsorge in Notsituationen

Ist es nicht erstaunlich, dass, bei aller Ablehnung von Kirche und viel Skepsis der Religion gegenüber, Seelsorge in Notsituationen ganz selbstverständlich angenommen wird? Gottesdienste nach Katastrophen – egal ob Tsunami, Terroranschläge, Flugzeugunglücke – werden hoch geschätzt, ganz unabhängig davon, ob die Betroffenen einer Religion angehörig oder gläubig sind.

Als Mitarbeiter in der Notfallseelsorge, die z.B. bei Überbringen von Todesnachrichten, bei Suizidfällen, Todesfällen in häuslichen Bereich aktiv wird, stellt sich von meiner Erfahrung her nie die Frage, ob die zu Betreuenden religiös, gläubig oder gar konfessionell gebunden sind. Gefragt ist einfach menschliche Anteilnahme, Da-Sein.

Vielleicht müsste Kirche sich wieder mehr auf diese grundlegenden Bedürfnisse besinnen, um „anzukommen" bei den Menschen. Nicht im Sinne von „profit- oder leistungsorientierten Ankommens", sondern vom wirklichen ankommen her gedacht. Dem Auftrag Jesu würde es auf alle Fälle mehr gerecht als jede Theologie, als Liturgie, so wertvoll diese für „Insider" auch sein mag.

Wenn „Kirche" wieder mehr bei den Menschen mit ihren Nöten ist, wird sie vielleicht auch wieder als „wertvoll" wahrgenommen.

Segen

CMB schreiben rund um den 6. Januar die Sternsinger an die Türen und damit nach alter Tradition, auch wenn wir davon in der Bibel nichts finden, die Namen der drei Weisen: Caspar, Melchior und Balthasar. Die wesentlichere Bedeutung dieses CMB ist Christus Mansionem Benedicat – Christus segne dieses Haus, segne mein Leben. Segen – das ist Freude, die unser Herz erfüllt, Freude vor allem auch an den kleinen Dingen meines Lebens. Einfach daran, dass ich lebe. Die Nähe Gottes wird uns zugesagt und mit ihr seine Liebe, die unser Leben mit Frieden und Glück erfüllen soll. Und dort, wo der Segen Gottes Einzug hält, ist kein Platz mehr für die Furcht.

Wie aber geht das? Wenn ich mich im Krankheitsfall fürchte vor einer Diagnose, die so lange auf sich warten lässt? Wenn die Sorgen, wie es weitergeht, vom Aufwachen bis zum Einschlafen mein Denken beherrschen?

Von meinem Verständnis her ist der Segen Gottes nichts, was plötzlich von oben her auf mich herunterfällt, und dann ist alles gut. Mir ist vielmehr wichtig, dass ich mir immer wieder bewusst mache, dass dieser Segen da ist in meinem Leben, dass ich gesegnet bin.

Auch wenn ich mir Sorgen mache, wie es mit mir weiter geht, gibt es vielleicht die Momente, wo es mir gut geht, wo ich mich über das Essen freue, über Besuch, über einen netten Anruf. Vielleicht traut sich jemand, mir einen Witz zu erzählen und ich kann herzhaft lachen. Das sind die Momente, in denen der Segen Gottes, der ja immer schon da ist, durchbrechen kann; und wenn ich mir dies vor Augen halte, verschwinden die Sorgen zwar nicht einfach, aber sie verlieren vielleicht etwas von ihrer alles beherrschenden Macht.

Mir hilft es in bedrängenden Situationen oft, mich zu erinnern, wie oft ich in meinem Leben schon Krisen gut überstanden habe, wie oft brenzlige Situationen gut ausgegangen sind.

Diese Erfahrungen von Heil helfen mir, darauf zu vertrauen, dass mein Leben auch im Letzten heil und hell sein wird.

Segen kann keinen Schutzmantel gegen zukünftiges Unglück herbei zaubern, aber er kann uns die Liebe und Fürsorge Gottes für mein ganz persönliches Leben zusagen – in dem Sinne, dass Gott zwar nicht vor Leid bewahrt, aber in allem Leid bei uns ist.

Sorgen-Fasten

Fasten – Verzicht auf Dinge, die wir genießen. Dieser Gedanke ist uns geläufig. Vielleicht wäre es aber auch ein gutes Fasten, auf die Dinge zu verzichten, die uns plagen, die uns stressen, wie wir ja so schön sagen. Unsere Seele baumeln lassen, es uns gut gehen lassen, unsere Sorgen auf Jesus werfen. Es bewusst langsamer angehen lassen, sich weniger vornehmen. Um Zeit zu haben für das Wesentliche: Für sich, die Familie, für die Mitmenschen, für Gott. Jesus ermuntert uns dazu. „Kommt alle zu mir, die ihr mühselig und beladen seid! Ich will euch erquicken"[10], sagt er einmal. Verbunden ist dies damit, dass wir sein Joch auf uns nehmen. Das hört sich auf den ersten Blick wieder eher anstrengend an, wenig erholsam. Das Joch, das den Ochsen vorgespannt wurde, damit sie die Last ziehen konnten, war aber keine Plage, sondern ein Hilfsmittel. Mit Hilfe des Jochs konnten sie die schwere Last gut ziehen. Probleme bereitete das Joch nur, wenn sie aus der Bahn gerieten, nicht dorthin wollten, wo sie hinsollten. So drückt das Joch Jesu nicht, wenn wir ihm folgen; seine Last ist leicht, wenn wir ihn im Blick haben. Und so muss uns die Fastenzeit nicht bedrücken, uns keine Aufgaben auferlegen, sondern kann uns im

Gegenteil befreien zu mehr Leben, zu bewussterem Leben und zur Entspannung. So werden wir Ruhe finden in unserem Leben.

Sterben im Kreis der Familie

Ein wirklich friedliches Sterben durfte ich bei einer 72jährigen Patientin miterleben, die seit vier Jahren Krebs hatte. Sie erzählte mir gleich, dass es jetzt aussichtslos ist und halt zu Ende gehe – sie wünsche sich nur, dass es schnell geht und bald. Ihr Mann ist vor sechs Jahren plötzlich an Lungenembolie gestorben; sie haben zwei Kinder. Am Sterbe-Vormittag habe ich sie noch besucht, die beiden Kinder waren da, wir haben darüber geredet, dass sie nicht mehr leben will.

Sie ist dann um ½ 12 Uhr mittags im Beisein der Familie friedlich eingeschlafen, sie haben für sich Abschied genommen und erst um 14.00 Uhr dann auf Station Bescheid gesagt, dass sie vor 2 Stunden gestorben ist.

Was für ein „schöner", guter Tod, abseits aller Hektik, die oft in den letzten Stunden und Minuten eines Lebens noch um sich greift.

Sterben in Frieden

Allerheiligen, Allerseelen, November – Begriffe, die für viele eher dunkle, traurige, bedrückende Gedanken hervorrufen. An das Sterben, den Tod erinnern uns der November und seine Gedenktage wie kein anderer Monat.

Vor einiger Zeit wurde ich zu einer Sterbenden gerufen - einer 80j. Frau, umgeben von ihren vier Kindern, ein Schwiegersohn und eine Enkelin waren auch da. Ich bin fast drei Stunden mit dieser Familie am Sterbebett gestanden und gesessen, wir haben gebetet und vor allem haben die Kinder mir von ihrer Mutter erzählt. Davon, dass sie 40 Jahre lang im Kirchenchor gesungen hat, dass sie bereits genau gesagt hat, wie sie ihre Beerdigung will - zum Beispiel, dass niemand Schwarz tragen soll, dass sie fest davon überzeugt ist, es nach ihrem Tod gut zu haben. Aber auch davon, wie sie immer geholfen hat, wenn es nötig war, egal ob es sich um Familienangehörige oder Fremde gehandelt hat. Es war eine großartige Würdigung dieser Frau, die ihr Leben lang Liebe gegeben hat. Diese Liebe war spürbar, sie war direkt zu greifen in diesem Zimmer. Und dann ist sie ganz friedlich eingeschlafen, hat einfach zu atmen aufgehört. Ich habe mir gedacht, unter solchen Bedingungen kann man gut sterben, da geht sterben, da geschieht Sterben in Würde. Natürlich haben die Kinder geweint, als sie gestorben ist - für uns hier bleibt der Schmerz der Trennung, der auch durch einen noch so starken Glauben nicht einfach weggewischt wird.

Der Tod ist immer schrecklich - weil er uns von einem Menschen trennt, weil er Beziehungen unterbricht. Aber ihn wegschieben zu wollen, ihn zu leugnen, macht ihn nur noch schwerer. Indem wir ihn als Teil des Lebens annehmen, ihn als Übergang in ein neues Leben begehen, können wir mit ihm leben.

Und ihn nicht einsam, sondern begleitet erleben zu können, kann helfen. Hier sind wir alle bei Krankheit und Tod gefordert. Keiner ist vergessen in der Gemeinschaft der Lebenden und der Toten, das ist gerade auch an Allerheiligen die unüberbietbare Botschaft des Christentums.

Story, not History

Welche Rolle spielt die Bibel in ihrem Leben?

Ich war auf einer Fortbildung, in der es um verstörende Gottes-
bilder der Bibel ging. Vermutlich kennen auch Sie Geschichten in
der Bibel vom strafenden, furchtbaren Gott. Jede Osternacht hören wir zum Beispiel, dass Gott 600.000 Ägypter ertrinken lässt –
und das, nachdem er das Herz des Pharao verhärtet hat, also
selbst schuld daran ist, dass diese Ägypter den Israeliten nachja-
gen.

Was machen Sie mit solchen Geschichten?

Die Bibel einfach weglegen, weil man sie eh nicht verstehen
kann? Sich damit abfinden, dass unser Gott halt unbegreiflich ist
und hoffen, dass Sie sein Zorn nicht trifft? Oder zweifeln Sie gar
an der Liebe Gottes, an Gott selbst?

Es gibt viele Arten, die hilfreich sind, die Bibel besser zu verstehen. Man kann sich Theologisch fortbilden. Man kann viel über
die historischen Hintergründe lesen, was aber auch sehr anstrengend sein kann. Aber es gibt auch ganz einfache Grundaussagen,
die hilfreich sein können. Eine, die mir bei dieser Fortbildung
sehr gut gefallen hat, war: Die Bibel ist in den meisten Bestand-
teilen Story, nicht History. Das heißt, sie erzählt Geschichten,

nicht historische Geschichte. Wenn man sich das vor Augen hält, verschwindet so manche Grausamkeit aus der Bibel. Die 600.000 Ägypter, die bei der Verfolgung der Israeliten ertranken, gab es nie. Warum aber lesen wir dann davon? Zum einen, weil wir Menschen immer schon zur Übertreibung neigen, und in der bildgewaltigen Sprache des alten Orient natürlich umso mehr. Zum anderen aber, weil dadurch Gott, Gottes Macht größer wird. Wir sind immer in der Gefahr, alles, was nicht faktisch bewiesen werden kann, als unwahr abzutun. Es geht bei Geschichten – wie zum Beispiel auch bei Märchen – aber nicht um wahr und unwahr im historischen Sinn. Die Märchen wurden ja nicht für Kinder geschrieben, sondern wollen Erwachsenen erzählen, wie das so ist mit ungerechten Königen, bösen Schwiegermüttern, der Bevorzugung von Lieblingskindern. So haben Märchen und die Bibel viel gemeinsam: Sie wollen uns leben helfen, zeigen uns, wie Leben glücken kann und worauf wir achten sollten. Und beide sagen uns: Das Leben geht gut aus.

Theologie einfach

Wie einfach hilfreicher Glaube sein kann (und wie unnütz unsere Theologie) wurde mir im Gespräch mit einem 55jährigen Mann bewusst, der zusammen mit seiner 82jährigen Mutter auf einem Bauernhof „fernab der Zivilisation" (kein Handy, kein Computer, …) lebt. Sie hat seit 10 Jahren Krebs, der Vater ist vor 18 Jahren einfach eingeschlafen, hatte Herzprobleme.

Es hat mich tief beeindruckt, welche Gedanken diesen Mann bewegten:

„Da kommst Du auf die Welt, und irgendwann musst du sterben – ist doch einfach unvorstellbar! Da muss doch noch was kommen."

Und dann sagte er noch: „Wenn es die Auferstehung und den Himmel gibt, dann hoffe ich doch, dass die Mama dort nicht mehr so schwer arbeiten muss."

Ich finde, schöner kann man unsere Auferstehungshoffnung fast nicht ausdrücken, Himmel beschreiben!

Todesahnung

Dass Menschen – entgegen ärztlicher Prognose - von ihrem bevorstehenden Tod wissen, es vielleicht auch einfach „schaffen", zu sterben, wenn sie nicht mehr leben wollen, durfte ich bei einer 67jährigen Patientin erfahren.

Sie benötigte seit Jahren Dialyse und im Rahmen ihrer Erkrankung mussten ihr zuerst die Zehen amputiert werden, dann ein Unterschenkel, dann der Oberschenkel. Beim Abholen zu dieser Operation sagte sie auf Station „diesmal komme ich nicht mehr zurück". Natürlich wurde dies als Schwarzseherei abgetan, schließlich gab es medizinisch keinen Grund für diese Aussage. Um 19.00 Uhr rief die Aufwachstation dann an, dass sie stabil ist, auf Station zurückkommt, um 19.30 Uhr ist sie an Herzversagen gestorben, noch bevor sie geholt wurde.

Ich denke, sie „wollte einfach nicht mehr" und „schaffte" es, zu sterben – entgegen medizinischen Befunden. So, wie es ja auch viele Ehepartner, deren Mann oder Frau nach einem ganzen langen gemeinsamen Leben gestorben ist, ihm oder ihr innerhalb kürzester Zeit „nachsterben" – oft ohne dass es einen medizinischen Grund dafür gibt.

Unfrieden

Eine 74jährige Patientin erzählt mir von ihrer Familie, in der scheinbar der Unfriede von Generation zu Generation weitergegeben wird: Ihre Mutter wollte unbedingt einen Sohn, hat Zwillinge bekommen und der Junge ist bei der Geburt gestorben – Schuld daran ist aus Sicht der Mutter sie gewesen, „weil sie zu viel gefressen hat". Sie selbst hat ihre Tochter (sie hätte 12 Kinder gehabt, von denen aber nur 6 leben) aus dem Haus gejagt, weil sie so unverschämt ist. Zerstritten sind auch ihre Kinder mit den Kindern ihrer Schwester, so dass sie auch zu dieser seit vielen Jahren keinen Kontakt mehr hat. Ein Leben im Unfrieden, selbst für mich als Zuhörer nur schwer auszuhalten.

Eine Lebensgeschichte, die mir aber auch wieder einmal zeigt, wie wichtig es ist, vergeben zu können, welch hohes Gut es ist, in Frieden miteinander zu leben – sei es in der Familie oder auch in größeren Zusammenhängen.

Verletzungen

Tragisch und belastend empfinde ich die Verletzungen, die Menschen sich gegenseitig zufügen und unter denen sie – oft ein halbes Leben lang bis zu ihrem Tod – leiden.

So begegne ich einer knapp 70jährige Krebspatientin, die mir auf meine Frage, ob sie Familie hätte, mit nein antwortet und dass sie ganz allein sei. Als ich später von meinen Enkelkindern erzähle, sagt sie mir allerdings, sie hätte auch Enkel, die sie allerdings noch nie gesehen hätte. Sie erzählt mir dann, dass sie zwei Töchter hat, zu denen sie seit 20 Jahren keinen Kontakt mehr hat, auch nie mehr wieder einen will, weil sie sie so verletzt haben. Dass sie während dieser Erzählung die ganze Zeit weint, zeigt mir, wie tief diese Verletzung geht, aber auch, dass sie noch lange nicht ausgeheilt, verheilt ist.

Versöhnung

Gott sei Dank gelingt hin und wieder auch Versöhnung. Dies durfte ich bei einem ca. 70jährigen Patienten erleben, der nach seiner Scheidung keinen Kontakt zur Frau und dem gemeinsamen Sohn mehr hatte, diesen jetzt aber vor allem zum Sohn so kurz vor seinem Tod gern wieder gehabt hätte. Zugleich hatte er große Angst davor, dass der Sohn nichts mehr von ihm wissen wolle, ihn zurückweisen würde. So übernahm ich die Aufgabe, den Kontakt herzustellen, was nicht einfach war. Eine Woche lang rief ich zu jeder Tageszeit an, ohne etwas zu erreichen. Dann wurde endlich abgenommen und ich mit den Worten begrüßt: „Was wollen Sie eigentlich? Dauernd ist Ihre Nummer auf dem Display, die ich nicht kenne." Ich schilderte kurz die lebensbedrohende Situation des Vaters und seinen Wunsch, wieder Kontakt zu ihm zu bekommen, dann endete das Telefonat auch schon mit den Worten: „Der hat sich die letzten 20 Jahre nicht um mich gekümmert, jetzt kann er mir auch gestohlen bleiben". Zu meiner Freude durfte ich dann aber erfahren, dass der Sohn und sogar die geschiedene Ehefrau es sich anders überlegt hatten und den Patienten in den letzten zwei Wochen seines Lebens täglich besucht und liebevoll bis zu seinem Tod begleitet haben.

Ganz anders das letzte Beispiel im Rahmen der Notfallseelsorge. Der Mann war am Morgen neben seiner tot neben ihm liegenden 69jährigen Ehefrau aufgewacht und verständlicherweise verzweifelt. Schlimm genug – aber das eigentlich furchtbare für mich war die Familiensituation. Der Mann machte lautstark seinem Hass auf die Tochter Luft, die Schuld am Tod der Frau sei, weil sie der Mutter so viel Kummer gemacht habe. Sie durften weder Enkelkinder, noch Urenkel sehen, obwohl sie gleich nebenan wohnen. Lediglich ein Enkelsohn scherte sich nicht um den Streit und kam regelmäßig zu Besuch, so auch jetzt. Als allerdings ein weiterer Sohn der Verstorbenen auftauchte, beschimpfte dieser den Enkel wüst, bis hin zu Handgreiflichkeiten – alles vor dem Totenbett der Verstorbenen. Ich musste massiv eingreifen, um wenigstens für den Augenblick für Ruhe zu sorgen. Ich weiß natürlich selten, was in den jeweiligen Familien vorgefallen ist – aber dass man sich auch selbst schadet, von Lebensfreude und Lebensqualität abschneidet, wenn man es nicht schafft, zu vergeben und Verletzungen heilen zu lassen ist für mich offensichtlich.

Verzweiflung und gutes Ende

Eine 50jährige Patientin und ihren Ehemann durfte ich eineinhalb Jahre begleiten. Sie hatte Krebs, schon bald war klar, dass keine Hoffnung auf Heilung bestand. Viele Gespräche führte ich auch allein mit dem Ehemann, der fast verzweifelter war als sie. „Er hat mich geheiratet, ich habe eigentlich immer den idealen Ehemann gesucht, seine Sensibilität hat mich eher gestört", so vertraute sie mir einmal an. Gut ein Jahr nach der Erstdiagnose war sie wieder da, mit vielen Schmerzen. Nochmal ließ sie sich zu einer Chemotherapie überreden, sie möchte eigentlich nicht mehr, hat keine Hoffnung mehr, möchte einschlafen. Aber ihr Mann hofft immer noch, möchte, dass sie kämpft. Er hängt sehr an ihr, sie sind wegen einer Kinderkrankheit von ihm ungewollt Kinderlos, er hat Angst davor, jetzt dann ganz allein zu sein. Im Treppenhaus hat er mir anvertraut, dass er manchmal am liebsten mit ihr aus dem Fenster springen würde, damit es für sie beide vorbei wäre. Ihr größter Wunsch: Noch ein paar schöne Tage daheim im Garten. In einem Mai ist sie dann heimgekommen, fast vier Wochen später gestorben, so dass ihr wenigstens noch dieser Wunsch in Erfüllung ging.

Warum ich?

Tief berührt hat mich auch das Schicksal einer 39jährigen Patientin, die seit zwei Jahren Brustkrebs hat. Nach Chemotherapie und Bestrahlungen war alles scheinbar gut, dann tauchte der Krebs wieder auf - inzwischen schon zum dritten Mal! Jetzt hatte sie eine Brust-OP mit sofortigem Wiederaufbau.

Vor zwölf Jahren ist sie wegen des Studiums nach München gekommen, dort hat sie ihren Mann kennengelernt, sie haben zwei 7jährige Mädchen – eineiige Zwillinge. Als sie von der Chemotherapie einmal einen Tag eher als geplant heimgekommen ist, hat sie ihren Mann mit dem Kindermädchen im Ehebett erwischt, woraufhin sie sich scheiden ließ. Sie hatten ein Haus gebaut mit wenig Eigenkapital, es wurde dann von der Bank verkauft, trotzdem ist sie auf Schulden sitzen geblieben. Jetzt ist sie Sozialhilfeempfängerin mit 520 Euro. Auch dieser Betrag wird noch gekürzt, wenn sie im Krankenhaus ist. Die Mädchen wünschen sich ein Schlagzeug und ein Keyboard wegen einer Bandgründung – aber das geht einfach nicht. Schon der Schulsachen-Kauf ist ein Problem. „Warum ich?", „Warum hilft Gott mir nicht?"

Warum ist das Leben so ungerecht, frage ich mich. Eine Frage, auf die ich keine Antwort weiß.

Weltgericht

Jesus erzählt uns einmal in einem Gleichnis vom Ende der Welt, vom Weltgericht. Und er sagt uns sehr genau, worauf es Gott ankommt in unserem Leben, wie ein gottgefälliges Leben ausschauen soll: Da steht erstaunlicherweise nichts vom in die Kirche gehen, Beichten, vom Halten der Gebote, nicht einmal vom Glauben überhaupt. Nein, das Einzige, worauf es Gott ankommt, ist die Nächstenliebe! Den Hungrigen sollen wir zu essen geben, den Durstigen zu trinken, die Fremden und Obdachlosen aufnehmen, den Nackten etwas zum Anziehen geben, die Kranken und Gefangenen besuchen.

Eigentlich doch gar nicht so schwer, oder? Vermutlich sind die Gerechten im Evangelium deshalb so erstaunt, dass sie mit diesen ganz einfachen Taten Gott so gedient haben, dass sie deshalb zu ihm kommen dürfen.

Und damit uns die Kraft für dieses Gut-sein niemals ausgeht, schenkt Gott uns die Gemeinschaft der Glaubenden, die Kirche. Und all das, was die Kirche ihren Gläubigen anbietet. So sind Gottesdienst und Sakramente Hilfsmittel zu einem gottgefälligen Leben, Hilfen zum Leben, nicht Aufgaben, die erfüllt werden müssen.

Wunder

Vor kurzem habe ich mich mal wieder heillos verfahren – und natürlich war gerade da auch das Benzin fast alle. Unwillkürlich kam mir das Stoßgebet über die Lippen: Lieber Gott, mach, dass ich es noch bis zu einer Tankstelle schaffe!

Ein wenig lächerlich und anmaßend ist so ein Gebet, finde ich, schon. Der allmächtige Gott, der Schöpfer von Himmel und Erde soll seine Macht dafür einsetzen, dass er mein Benzin vermehrt oder eine Tankstelle herbeizaubert, nur weil ich zu bequem und nachlässig war, rechtzeitig zu tanken und auf die Karte zu schauen.

Die Anliegen, die im Krankenhaus vor Gott gebracht werden, sind natürlich ernsthafter, existentieller und schwerwiegender. Und ich verstehe gut, dass Gott um ein Wunder gebeten wird, wenn man von Schmerzen und der Angst zu sterben erfüllt ist. Aber ein wenig gerät dabei das größte Wunder, das er ja bereits getan hat, aus dem Blick: Dass er unser Leben über den Tod hinaus bewahrt, dass er uns mit der Auferstehung Jesu ein Leben in Fülle und Freude verheißen hat. Natürlich rede ich mich da als momentan Gesunder leicht – aber von manchen todkranken Patienten durfte ich schon erfahren, dass dieser Glaube wirklich

Kraft geben kann, leben und sterben zu können. Das ist ein Wunder, das Gott wirkt – und sicher keine billige Vertröstung!

Zeitgeist

Oft wird auf den Zeitgeist geschimpft, gerade die Kirche unternimmt auch große Anstrengungen, sich nicht auf den Zeitgeist einzulassen.

Aber können wir – im Großen und Ganzen - überhaupt außerhalb des Zeitgeistes leben? Ich habe da meine Zweifel. Natürlich gibt es immer Einzelne, die sich gegen die Strömungen der Zeit stellen, die erkennen, dass z.B. auch etwas falsch läuft zur Zeit. Aber der Durchschnittsmensch? Ich denke, da braucht es schon sehr klare, gefestigte ethisch-moralische Grundsätze (die dann auch immer wieder überprüft werden müssen), um nicht einfach „mitzuschwimmen".

Von daher bin ich sehr vorsichtig mit Verurteilungen von Strömungen und Menschen in früheren Zeiten, weil ich mir nie sicher bin, ob ich erkannt hätte, dass da etwas nicht richtig ist.

Und selbst von Jesus, der sicher in vielen Bereichen (Stellung der Frau, strafendes Gottesbild, Krankheit als Strafe Gottes, ….) dem Zeitgeist widersprochen hat, haben wir zum Beispiel kein einziges Wort gegen die Sklaverei, die zu seiner Zeit üblich war, überliefert. War selbst er hier im Zeitgeist gefangen?

Zu guter Letzt

Damit bin ich am Ende meiner Gedanken und Überlegungen angelangt. Wie gesagt, sollen sie vor allem dazu anregen, den einen oder anderen Gedanken selbst weiterzudenken, wollen anregen, so manches nicht einfach selbstverständlich hinzunehmen, sondern eine tiefere Dimension unserer alltäglichen Welt wahrzunehmen.

Ich wünsche Ihnen viel Freude dabei.

Werner Ehlen

Dank

Mein Dank gilt all den Menschen, mit denen ich mein Leben verbringen darf, also meiner Familie und meinen Freunden, vor allem aber auch den vielen, vielen Patientinnen und Patienten, die mich in unzähligen Begegnungen an ihrem Leben teilnehmen ließen.

Ich freue mich, wenn Sie mir ihre Gedanken zu meinen Erfahrungen und Überlegungen mitteilen, auch zu meinen Büchern „Gedanken durch das Jahr", „Warum ich mich manchmal schäme, katholisch zu sein und es noch immer bin" und meinen „Elfchen". Schreiben Sie mir per mail:

buchkritik3@online.de

Verzeichnis der Bibelstellen

1) S. 1 – 4. Mose 6,24-26

2) S. 4 – 1. Mose 3,11

3) S. 4 – 1. Mose 3,12

4) S. 4 – 1. Mose 3,13

5) S. 16 – Mk 6,5

6) S. 27 – Pred 4,12

7) S. 39 – Mt 11,5

8) S. 40 – 1 Kor 10,31

9) S. 44 – Lk 6b-7

10) S. 66 – Mt 11,28